AF585838

DISCOURS
SUR L'INSTITUTION
DE LA FORCE PUBLIQUE,

Par RÉNÉ GIRARDIN, Commandant de la garde nationale d'Erménonville.

A PARIS.

De L'imprimerie du CREUSET, rue St Martin, n°. 219.

DISCOURS SUR L'INSTITUTION DE LA FORCE PUBLIQUE,

Conformément à l'article XII de la déclaration des droits de l'Homme & du Citoyen.

Prononcé à la séance du 29 Mai, de la société des amis des droits de l'homme et du citoyen.

Par RÉNÉ GIRARDIN, membre de cette société et de celle des amis de la constitution, et Commandant de la garde nationale d'Ermenonville.

Imprimé suivant le vœu de cette société.

MESSIEURS,

La force publique est l'objet sur lequel nous devons apporter le plus d'attention; car dans le procès continuel entre le despotisme et la liberté, c'est la force publique qui décidera toujours la question de fait.

Il faut donc commencer par bien nous examiner nous-mêmes, et porter un regard profond sur ce qui nous environne. C'est ainsi que nous pourrons nous former des idées justes et précises sur la seule espéce de force publique qui puisse nous convenir, si nous voulons conserver la liberté au dedans, la paix au dehors.

Pourrions-nous donc encore nous laisser abuser au point de ne pas reconstituer entierement cette malheureuse forme tudesque et ministérielle qui n'a courbé que trop long-tems nos valeureux soldats sous des sistémes qui dégradent même l'humanité !

La liberté individuelle sera toujours facilement accordée par le despotisme ministériel même, à l'égoïste qui voudra ne rien dire et ne rien faire que dépenser de l'argent et satisfaire ses vices : mais le front seul d'un honnete homme est trop antipathique à toute espéce de despotisme et d'aristocratie ! jamais, non jamais, la liberté individuelle de l'homme capable de quelque sentiment patriotique, jamais la liberté nationale qui est la seule égide de la patrie et de la vertu, ne peut subsister par-tout ou l'on verra des multitudes toujours armées qui ne connoitroient d'autre loi que la force, d'autre intéret que l'argent.

Eh ! comment, vis-à-vis de ces cohortes prétoriennes aucun citoyen pourroit-il reconnoitre une patrie, et compter un instant sur sa liberté individuelle, lorsque les Empéreurs, les Sultans, les Rois, et les grands corps politique n'ont pu compter sur leur vie, leur couronne, leur sécurité ? Les esclaves armés tendent toujours à détruire, il n'y a que les mœurs et les loix qui tendent à conserver et à perfectionner. Ce n'est donc qu'en mettant leur maintien hors d'attaque, qu'on peut assurer l'existence et la tranquilité réciproque des Rois, des empires, et des citoyens. Envain se flatteroit-on de contenir le despotisme par des loix qui lui prescrivent de demander le subside, dès qu'il le tient il a de quoi payer des mercénaires, et corrompre le sénat; bientôt il met son pays à contribution comme un pays ennemi.

Lorsque les Princes se laissent bercer par leurs ministres, de la vanité d'un pouvoir absolu, ils s'aveuglent dès-lors eux-mêmes au point de ne pas sentir, qu'un pouvoir absolu n'est que le déréglement de la foiblesse et des passions; qu'il est inconstant et tumultueux comme l'orage. La stabilité du sceptre et de la couronne ne peuvent donc reposer que sur la baze invariable et constante de la raison écrite, c'est-à-dire de la loi. Toute autorité qui ne cherche à s'étayer que sur l'intrigue et la force, dépendra à chaque instant des trames de la trahison, et de toutes les convulsions d'une force aveugle.

La sécurité du thrône, le bonheur de nos Rois, la prospérité de l'empire, l'assurance de nos lois, de notre franchise, de notre constitution, de notre liberté individuelle, ne peut reposer que sur celle de notre liberté nationale; mais celle-ci ne peut subsister que par l'observation des devoirs les plus sacrés du citoyen. Ces devoirs exigent souvent la privation des plus douces jouissances, l'abandon du luxe, et surtout celui de l'égoïsme mortifére qui ne peut s'allier à l'esprit vivifiant du patriotisme. Ils exigent le dévouement de son bien, de son sang, de sa vie, pour la défense des loix et de la patrie. Un sybarite seroit mieux à Constantinople qu'au sein des Alpes. Français! si ce tableau pouvoit nous effrayer, si nous ne voulions être que des européens, et non des Francs, ce que j'ai dit jusqu'ici, ce qui me reste à dire seroit superflu : mais non, vos exploits pour recouvrer votre liberté témoignent assez à l'univers étonné, que les sentimens nobles et généreux peuvent toujours relever les ames de la postérité des Francs.

Quelques puissances naissantes, semblables à des enfans qui prennent le mouvement qu'ils emploient à détruire, pour l'accroissement de leurs propres forces, ont pu se laisser éblouir à l'éclat destructeur et passager d'armées *mécaniques*, qui ne peuvent manquer d'entrainer promptement leur propre ruine ; Mais la France si robuste en elle même, si bien garantie de toute invasion extérieure par la valeur de ses habitans et la majesté de son territoire, la France ne s'est que trop long-tems laissé -entrainer aux singeries d'un systême barbare ! plus il étoit contraire à sa propre existence et à son caractére distinctif, plus il devoit être funeste pour elle : aussi ce fatal systême ayant depuis long-tems épuisé même en tems de paix les revenus de l'état, l'a réduite au point de ne plus subsister que par la ruine de son capital et par la destruction du peuple.

Des hordes de barbares furent toujours les plus propres à l'injustice, au pillage et à l'invasion ; une armée nationale n'est point faite pour de tels excès, mais elle est invincible pour la défense de ses loix et de son pays. Trois cents hommes libres suffirent pour arreter aux Termopyles les armées innombrables de l'orgueil et de la tyrannie.

Nous avons déclaré que le droit de la guerre ne pouvoit être fondé que sur la loi naturelle qui ne permet pas d'attaquer son semblable, et qui ne permet que de se défendre. Nous avons en conséquence déclaré solemnellement à la face du ciel et de la terre, que le peuple Francais, qui vouloit pour base de sa constitution l'égalité, la justice et l'universelle fraternité, n'attaqueroit jamais aucun peuple, et ne feroit que se défendre avec toute l'énergie de la justice et de la liberté, contre la tyrannie et le brigandage qui oseroient l'attaquer.

Portons donc enfin l'œil de la sagesse et de l'équité sur le vaste horison qui doit nous mettre à couvert de guerres injustes, inutiles, et toujours ruineuses: de-la dépend pour le moment la certitude de la paix; de-la dépend pour l'avenir une juste et utile application de toutes les dépenses publiques.

La France est bornée par les Alpes qui sont l'asyle inviolable de la paix. La Sardaigne nous répond de sa foi par son intérêt en Lombardie et par le gage de la Savoye que nous avons sous la main.

L'Espagne est liée et maintenue par sa propre enceinte; Toulon Marseille, la Corse, Naples, Constantinople nous assurent la méditerrannée, et la conservation de l'équilibre dans le fonds de l'Allemagne et jusqu'au palus méotides.

Au de-la du Rhin la constitution de l'empire et le véritable intérêt de la ligue Germanique, forment une avant-garde, qui écarte de ses limites la masse de deux grandes puissances dont l'ambition trop démontrée excite de tous côtés contr'elles la résistance et la réaction de l'Europe et de l'Asie. Les provinces Belgiques et le Luxembourg ne peuvent manquer de se rallier incessamment sous l'étendard et l'égide de la liberté. Enfin l'Océan, au lieu de guerres hors de nous mêmes et de notre véritable existence, ne devroit nous présenter naturellement qu'un commerce amical et un traité d'union dont le Portugal et l'Asie si bien liés par l'Espagne et nos ports sur la méditerrannée, suffisent pour être les garants. La disposition actuelle des limites de la France, la vaste contiguité de son territoire, ses vrais rapports avec les intérêts de tout ce qui l'environne, suffisent donc pour assurer sa tranquillité intérieure par une base inébranlable sur laquelle peut s'appuyer celle de tous les peuples. Les invasions et les cruautés de la guerre sont les lauriers sanglants de la Barbarie. Les fruits et l'abondance de la paix sont les lauriers immortels de la justice et de la sagesse.

Contente des bienfaits de la nature, dont elle est si libéralement comblée, la France, loin d'envier à ses voisins les divers avantages de leur position ou de leur industrie, ne doit elle pas sentir enfin qu'il est de sa dignité, de sa justice comme de son véritable intérêt, de leur en assurer bien plutôt une jouissance paisible dont tous les avantages lui seront nécessairement communs et réciproques? Il semble que la providence même a destiné le royaume de France pour être en Europe un point d'appui de l'équilibre universel, sur lequel puissent se rallier sans cesse une résistance et une réaction capables de contenir et de comprimer de toutes parts les injustices et les invasions.

Lorsque les guerres les plus extravagantes, et les traités de paix les plus honteux dépendoient sans cesse du caprice d'une femme ou d'un ministre, l'on ne doit pas s'étonner qu'un gouvernement absurde ait méconnu, ou trahir si long-tems les intérêts les plus évidens d'un royaume, qu'on se faisoit un jeu de sacrifier à toutes les passions ; Il est tems enfin qu'un peuple libre, franc et loyal, qui habite les plus fertiles contrées du monde, ne soit plus que le défenseur de lui même et de la justice : mais à l'aspect de ces deux motifs, tous les citoyens doivent etre continuellement prets à prendre les armes ; doivent apprendre à les manier avec cette adresse, cette activité, cet antique point d'honneur qui est spécialement le caractère Français. Alors tout soldat est un héros, et non une machine

Cessons donc d'avilir nos soldats ; ils sont faits pour battre et non pour etre battus. Cessons d'humilier nos officiers, par de choquantes distinctions et des chefs encore plus choquants. Cessons de diviser nos armes par un esprit de discorde de corps à corps, d'officier à officier, de soldat à soldat. Tout capitaine doit etre soldat, tout soldat est un capitaine ; l'honneur est toujours à celui qui marche le premier à l'ennemi.

Tout sytême de formation d'armée qui n'embrassera pas sous un même ensemble, sous un même rapport, sous une même forme d'existence, sous une même dénomination, en un mot sous un même esprit et sous un même uniforme, tous les citoyens, toute la patrie, toutes les armes, est anti-constitutionel : il ne feroit que préparer plutôt ou plustard la destruction de nos libertés et de nos forces.

L'intérêt général est un : le moyen de défense doit donc être un. Si nous avons deux armées divisibles d'esprit et de régime, l'on s'efforcera sans cesse de les diviser d'intérêts et d'action.

Il faut donc nécessairement que chez tout peuple qui voudra être et rester libre, les troupes de ligne soient constamment nationales, et les troupes nationales, constamment troupes de ligne.

Notre premiere ligne c'est l'activité de la jeunesse :

Notre seconde ligne c'est la prudence de l'âge mûr.

Notre troisième c'est l'expérience des Vétérans.

Notre armée, ce n'est pas cent, deux cens, trois cens mille hommes; c'est toute la nation capable de porter les armes, et faisant de ses exercices le spectacle et la récréation de ses fêtes.

De cette formidable armée nous n'aurions à en solder que ce qui en seroit assemblé; nous pourrions n'en assembler que ce qui seroit proportionné aux circonstances, et au besoin d'exercer notre jeunesse à l'ensemble. Ces assemblées qui constitueroient notre première ligne défensive active, pourroient être distribuées successivement dans des terreins incultes, en donnant aux soldats les moyens de les mettre en valeur pour surcroît de leur bien être pendant le tems de leur cantonnement; ils les laisseroient successivement en état de culture et de production, pour ceux de leurs concitoyens qui les remplaceroient. Voila les camps de paix et les casernes qui conviennent à des troupes nationales : elles sont faites pour améliorer leur pays, non pour vexer les citoyens et pourrir dans la captivité des garnisons.

Ce fut un Dieu, dit Polybe, qui donna la légion aux Romains. Le despotisme bien plus armé contre le citoyen que contre l'ennemi, préfère la division et l'atténuation des troupes à leur force et à leur ensemble : c'est le moyen dont il se sert pour réduire tout en esclavage en commençant par ses propres soldats ; eh bien messieurs, c'est pour cela même que la légion devient nécessairement aujourd'hui la meilleure formation qui conviene à des armées nationales. Elle réunit en elle même toutes les armes, toutes les instructions, tous les exercices, toutes les facultés dans le même esprit, dans le même lieu et dans le même corps ; chaque soldat, chaque officier peut s'y former à toutes les connoissances militaires qu'on ne trouveroit pas aujourd'hui réunies dans les généraux mêmes.

Chaque légion est une armée complette. ses divisions sont toutes faites pour les détachements ; ses places toutes marquées pour se rallier. La valeur, les sentimens, l'utilité réciproque de chaque arme, de chaque membre, contribuent et se réunissent nécessairement au même honneur du corps. Chaque légion ne peut manquer de chercher toujours à soutenir sa propre gloire par la réunion la plus intime de tous ses moyens. La force et la gloire de chaque légion devient de même la force et la gloire commune de toutes les légions, et de tous les citoyens ; parce que, entre égaux, qui concourent tous au même but, et dans le même esprit, il ne peut plus exister qu'une généreuse émulation ; jamais de jalousie, ni de sujets de division.

Telle est la souscription de la liberté nationale. Telles sont les armées de la justice et de l'honneur, les seules dignes d'être avouées du dieu des batailles.

Les seules qui conviennent à un peuple qui veut être invincible chez lui, loyal et sans ambition au déhors, tendant sans cesse à ses voisins une main amicale ; toujours capable de repousser les tyrans, et de soutenir la liberté.

Tels sont, Messieurs, les principes et les grands moyens d'institution de la force publique, que que j'ai cru de mon devoir, de remettre sous les yeux d'une société qui fait profession d'adhérer spécialement aux droits éternels de l'homme et du citoyen.

Pour se rapprocher aujourd'hui de ces principes desquels on s'est entierement écarté, dans la formation provisoire de la garde nationale, et dans l'organisation d'une armée de ligne qui ne peut plus exister, il n'y auroit plus en ce moment qu'un seul moyen : Ce seroit, lors du licenciement de l'armée de ligne duquel on s'occupe actuellement à l'Assemblée nationale, qu'on la fit rentrer aussi-tôt comme troupe soldée du centre dans les gardes nationales de chaque département; afin que, dès-à-présent, il n'y eut du moins qu'une même dénomination, un même régime, et un même uniforme pour toute la force publique; sauf ensuite, dans un tems plus calme, à perfectionner à loisir les détails de notre organisation militaire, suivant les vrais principes d'une constitution libre et fraternelle.

Mais en attendant, Messieurs, il faut dabord obtenir le point fondamental sans lequel nous serons toujours menacés du despotisme militaire, et nous ne pourrons jamais être assurés ni de la paix au déhors, ni de la sécurité au dedans.

Ce point fondamental! Messieurs, ce point essentiel! c'est que le nom d'armée de ligne, c'est que le nom de toute espéce de troupe qui puisse être séparée d'esprit du corps de la nation, soit à jamais rayé du dictionnaire de la liberté, dans lequel on ne doit trouver que celui de la *force publique uniquement & entiérement nationale.*

FIN.

OPINION

DU CLUB DES CORDELIERS.

La Société des amis des Droits de l'homme et du citoyen :

Après avoir entendu à sa séance du 29 mai dernier, un discours sur l'institution de la force publique.

Considérant que conformément à l'article 12 de la déclaration des droits de l'homme et du citoyen, le maintien de ces droits ne peut reposer que sur une force publique *instituée pour l'avantage de tous, et non pour l'avantage particulier de ceux à qui elle est confiée :*

Qu'ainsi pour assurer constamment cet effet, la force publique devant être *une, et indivisible*, comme la souverainneté qui réside essentiellement dans la nation ; il faut par conséquent que chez un peuple libre, la force publique ne soit autre que celle de toute la nation armée pour la seule défense de son territoire et de sa liberté ; puisque c'est l'unique moyen pour que cette force ne puisse agir que pour la nation, et jamais contre elle.

Considérant enfin que la force publique ne peut être instituée dans les principes de la déclaration des droits, et ne peut être vraiment *une et nationale*, si on y donne la moindre ouverture à l'esprit de division et de jalousie, par aucune différence extérieure ;

Qu'il faut par conséquent que l'uniforme national puisse convenir également à toutes les facultés des citoyens ; que pour cet effet il est nécessaire qu'il soit simple, solide, et d'une même couleur, avec une plaque sur le cœur portant ces mots : *liberté, égalité, fraternité.*

En conséquence la société émet le vœu formel.

1°. Que lors du licenciement de l'armée de ligne, tous les soldats rentrent aussi-tôt comme citoyens, dans le sein de la nation, pour en former au même instant la troupe du centre des gardes nationales de chaque département :

2°. que l'universalité de la force publique soit instituée, sous un même titre, régime d'ordonnance, et d'élection d'officiers, sans distinctions de grenadiers, de chasseurs, et d'épaulettes ; attendu que des officiers citoyens dans une armée purement, généralement et uniquement *nationale*, et dans la constitution de la liberté, de l'égalité, et de la fraternité, ne doivent être distingués que par l'honneur d'être élus par la confiance de leurs concitoyens, et par celui de les guider dans les sentiers du patriotisme et de la valeur.

La Société pénétrée des principes du discours, d'après lesquels elle a déterminé son vœu, a nommé J. Rutledge, B. de St. Sauveur, Lebois, Peyre, ses députés, pour présenter l'un et l'autre à l'assemblée nationale, en la personne de son président, et l'engager instamment à en donner communication à l'assemblée, dont la sagesse estimera sans doute qu'il est convenable à la haute importance de l'objet, d'ouvrir la discussion *publique* la plus solemnelle sur les articles fondamentaux de l'institution de la force publique, qui est le vrai palladium de la liberté, d'ou dépend le maintien des principes de la déclaration des droits, le sort de notre révolution, et la tranquillité de l'état au dedans et au dehors, par la formation de la défensive la plus imposante, et la plus spécialemeut nécéssaire au premier peuple qui a déclaré qu'il n'attaquera jamais aucun peuple ; mais qu'il sera toujours prêt à défendre unanimement le sanctuaire de la liberté.

La société a arrêté qu'il seroit envoyé des exemplaires du discours de René Girardin, et de son vœu exprimé ci-dessus, à toutes les associations patriotiques, aux départemens et aux municipalités de l'empire etc. avec invitation aux sociétés patriotiques d'y donner leur adhésion.

Signé, LAWALLE président,
COLLIN *Secretaire*,
CHAMPION *Secrétaire*,

AVIS DE L'ÉDITEUR.

On souscrit rue Saint-Martin n° 219, pour le Journal intitulé le CREUSET. cet ouvrage ou les faits journaliers sont racontés avec la précision piquante, les évenemens analysés avec la profondeur & l'originalité franche de James RUTLEDGE, est divisé par trimestres. Il en paroît régulierement deux feuilles & demies par semaine. L'abonnement est de 36 livres pour l'année franc de port, par-tout le Royaume.

www.ingramcontent.com/pod-product-compliance
Lightning Source LLC
LaVergne TN
LVHW012024170826
845678LV00004BA/1637

* 9 7 8 2 3 2 9 6 3 0 2 8 1 *